돌아본 세상살이

김행곤 제3시집

세종문화사

시인의 말

시인은 영혼이 맑아
지고지순한 사람
성찰하고 통찰하며
세상을 관조한다

감성이 예민해
다정다감한 사람
열정을 불태우며
꿈나라 여행한다.

2025년 9월
록섬 김행곤

차례

시인의 말 ···· 3

제1부 자화상

자화상 ···· 11
세상살이 ···· 12
삶의 계단 ···· 13
삶이란 ···· 14
아웃사이더 ···· 15
늙어 간다는 건 ···· 16
여생 어찌하나 ···· 17
제 그릇 ···· 18
마무리 잘해야 ···· 19
꿈은 사랑이다 ···· 20
세상 산다는 게 ···· 21
삶 길에서 ···· 22
길 가다 보면 ···· 23
그래도 사는 걸 ···· 24
늙어 가며 ···· 25
사노라면 ···· 26
오죽잖으면 ···· 27
이상화(理想化) ···· 28

제2부 고마운 만남

고마운 만남 ···· 31
금수강산 ···· 32
킹 스피치 ···· 33
독서 ···· 34
어느 가장의 책 이야기 ···· 35
어린이는 어른의 아버지 ···· 36
하얀 철쭉의 꿈 ···· 37
부끄러움 ···· 38
새를 날려야 하나 ···· 39
청도(靑圖) ···· 40
어느 시인의 고백 ···· 41
신에 대한 고뇌 ···· 42
왜 이런 시련을 ···· 43
역지사지(易地思之) ···· 44
먹 갈며 붓 들고 ···· 45
책이 뭐길래 ···· 46
군자란 ···· 47
용문사(龍門寺) 다녀오며 ···· 48

제3부 자연을 찾아

자연을 찾아 ···· 51
건강해야 ···· 52
나는 자연인이다 ···· 53
팔팔 체조 ···· 54
트레킹 ···· 55
식목 행사 ···· 56
이발 ···· 57
거울 앞에서 ···· 58
영화 ···· 59
여행은 즐거워 ···· 60
두물머리 ···· 61
신선의 섬 ···· 62
자연 그대로 ···· 63
바닷가 풍경 ···· 64
쉬명 걸으명 ···· 65
설문할망 ···· 66
연꽃 찬양 ···· 67
야생(野生) ···· 68

제4부 그래 어쩌란 건가

그래 어쩌란 건가 ···· 71
뉴스가 싫다 ···· 72
에델바이스 ···· 73
빅게임 ···· 74
스크린 프로세스 ···· 75
심심파적 ···· 76
희망 꿈꾸다 ···· 77
초겨울에 부쳐 ···· 78
건강검진 ···· 79
프랭클린의 교훈 ···· 80
영토 보전 ···· 81
통치권 확립 ···· 82
다산 정약용과 애덤 스미스 ···· 83
삼포시대 젊은이가 산다는 것은 ···· 84
길고양이 단상 ···· 85
젊은 시절에 ···· 86

제5부 추억이 그리워도

고향이 그리워 ···· 89
생일 소감 ···· 90
세뱃돈 ···· 91
추억이 그리워도 ···· 92
네 꿈을 펼쳐라 ···· 93
가훈 ···· 94
영산홍 ···· 95
내 고향 ···· 96
석류 ···· 97
선유도 ···· 98
가족 모임 ···· 99
언젠가 춘삼월 ···· 100
첫사랑 ···· 101
사랑이 아름다운 건 ···· 102
물소리 ···· 103
봄비 ···· 104
봄 기다려 ···· 105
잡초라서 ···· 106
야생화 ···· 107

〈해설〉
삶의 통일체로서 체험적인
언어 풀어내기 ···· 110

제1부
자화상

자화상

어느 날
거울을 보다가
눈이 마주쳤지

나는 누구인가
뭘 하며 살았는지
어찌할 수 없는 궁금증

눈에 띄는 일도 없고
세월을 보냈던
그 시절이 한스러워

이제 와 되돌아보니
혼술로 마시는
해장국으로 살았나 보다

세상살이

현재 느낌과
과거 반성에
미래를 생각하지만

어찌 보낼까
일각이 여삼추
세월은 흐르는데

바람 불고
비구름 지나도
배워 익히니

나를 찾아서
운명에 순응하며
자연스럽게 살아 보자

삶의 계단

20대의 표상
매화 기품

40대 어울림은
난초 우정

60대 비우기에
국화 성실

80대 마무리로
대나무 정절

사랑의 묵화
군자의 도가 진실

삶이란

정치와 종교는
수단과 방법
목적이 아니다

불화와 전쟁은
그로써 일어나
위대한 선각자들
가르침 왜곡되었다

자비와 사랑
참되고 올바른 도리
어디로 사라지고
저네들 자유만

과거에 그랬는데
현재와 미래라 별수
함께 살려면
다름 인정해야

아웃사이더

어찌 살려나
현실에 만족하기보다

조금 멀찍이 떨어져
삶을 스스로 참회하던
아웃사이더

고독이 좋아서
한때 몸살 했던 추억

별명이 황새이듯이
그렇게 살아온 세월
벌써 팔순 노인입니다

늙어 간다는 건

고희가 벌써 지났는데
무슨 욕심

지난 세월 돌아보고
성찰하며 즐겨야지

여생 마무리는
죽음 연습이 아닐까

늙어 간다는 건
마음 비우는 일

여생 어찌하나

세월 흐르는 걸 모르고
그냥 살았는지

돌아보면 후회막급
어찌할 수 없는 것을

감사하다 말 건지
뭣부터 바로 잡을까

산다는 게 이래서야
다시 해 보자는 결심

새벽이면 체조하듯
그렇게 해야 하는 걸

제 그릇

여덟 번 이사한
서울 생활 40년
투자한 사람보다
힘겨웠던 살림

새벽이면 조깅하고
외로우면 산책하며
혼자서 즐긴 술
억지로 채우지 않아도

출세할 능력
치부할 재주 없지만
때 되면 채워지니
분수를 알아야 제 그릇

마무리 잘해야

그냥 늙은이로 살면
어떠냐고 번민하는지

나이를 먹을수록
점차 생각이 좋아져서
뭐라도 하는 게
바람직하지만

사노라면 그렇지
어디 쉬운 일 있나요
이래저래 난맥
망설여 기회 잃어

하지만 독서와 글 쓰던
취미마저 사라질까

꿈은 사랑이다

뜬구름 잡던 꿈도
여러 가지

젊어 맨정신으로
꾼 꿈은 희망인데

정녕 살면서
이루려고 노력했지만
그냥 꿈에 지나쳐서

팔순 노인네 시방도
뜬구름 잡고 있는 게 아닐까

세상 산다는 게

왜 이리
번민해야 하는지

그냥 살아도
살아지던 것을

깨달아 간대도
살다 보니
세상은 살 만한 걸

한잔 술에
피로도 매일 풀잖아

삶 길에서

아침 햇살에
산책하며
하루의 시작을

저녁달 보며
창가에서
하루의 성찰을

그렇게 보낸 세월
흘러 흘러서
나 지금

무엇을
어찌하였나
또 생각나서

인생은
보람으로
마무리해야지

길 가다 보면

이 길인가
아닐까
잘못 들었는지 몰라

이 길도 같고
저 길도 같아 보이는데
내 길은 어디에

이렇게
망설이면서
왔던 길 돌아보며

참 알 수 없는 길
인생길은
언제나 갈림길이다

그래도 사는 걸

법대생이 법은 싫고
공군 장교가 비행을 못 해

명예 출세도 몰라
사는 것도 어렵게

팔순 노인네가 이제 와
하늘을 원망하나
세월은 멈추지 않지

사는 것도 취미도
제 하기 나름인 것을
꿈일랑 깰 것이다

늙어 가며

사노라니
잘한 건 몰라도
못한 것만 기억나

어찌할 거야
망구 터울이가
마음뿐 몸 다르니

라흐마니노프
'눈물과 고백'에
한숨만 쉬어야 하는지

그 음악에 취해서
살아온 세월
돌아보니 후회막급

사노라면

마음 편하지 않고
시비선악 밝히다 보면
오해와 편견 괴롭지

비난과 비평
구별 없이 책망하니
해명하고 변명하느라
마음 상하지

혼탁한 세상
외면하고
가슴앓이하며
고양이 목에 방울 달기인가

오죽잖으면

귀거래사(歸去來辭) 도연명
얼마나 답답하면
다섯 놈 꾸짖다 못해
책자(責子) 지었을까

맹모삼천(孟母三遷) 알아도
딸만 넷 귀엽다 못해
짜던 베 칼로 자르던
맹모단기(孟母斷機) 몰랐을까

자식 농사 잘못한 걸
누굴 탓한다고 달라질까

이상화(理想化)

언덕길 올라가서
하염없이 보니

바다가 하늘 위에도
높이 떠 있네요

제2부
고마운 만남

고마운 만남

이렁저렁
살다 보니까
뜻밖에 시인이 되고
시를 공부하며

강남문학아카데미 등록
한국대경문학 통해
2016년 봄
비로소 시인이 되자

문협의 원고 청탁에
'금수강산'을 드리니까
월간문학 25년 8월호에
실리며 저작권 가입 권유

금수강산

우리나라 삼천리
산은 웅자하고
강은 넓고 길어

옛날부터
불러오던 이름인데
지키지 못하더니

국력 배양하자
진심으로 보살펴
이름값으로 살아난 강산

백두에서 지리까지
자랑스러운 산맥
꿈은 이뤘지만

북녘땅
언제나 가보려는가
아직도
희망의 끈 붙잡는다

킹 스피치

초등학교 첫 국어 시간
"바둑아 이와" 하니
다시 읽으라기에
"바둑아 이이와" 하자

나는 웃음거리
그제야 "ㄹ" 발음 못 해
"이와" 별명 말더듬이

대학에서 발표할 때
말에 양해를 구하니
교수는 오히려 칭찬해

군대에 가 명령하며
나도 모르게 바로잡아
세상을 감동시킨
말더듬이 왕의 추억이네

독서

누구나 언제든
책에 대한 느낀 감회
잊어버릴 것인가

법대생이 공부가 싫어
이러저러한 책을
남독한 추억에 어쩌다

한국문인협회에 가입
월간문학을
교과서 삼아 읽는데

글재주 모자라
생각처럼 써지지 않아
술 취한 듯 책장만 넘긴다

어느 가장의 책 이야기

우리는 초등학교 동창생으로
친구는 고려대학 행정학과를
나는 중앙대학 영문과를 졸업해

종교는 다르지만 학문 사상에
이견 없이 돈독한 우의를 누렸다

동서양의 역사와 철학을 탐독하고
친구가 '강남문학아카데미'를
'한국대경문학' 교수님 강의로
청경하고 등단한 반가운 소식인데

한국의 시는 형식에서 초인적이나
시 세계는 다분히 고전적 철학적
그의 생각과 시를 소개하면 이렇다

"시인이란
영혼이 맑아 지고지순한 사람
성찰하고 또 통찰하며 세상을
관조하니 시인은 꿈나라에 산다."

(2017년 7월 벽초 김낙연 드림)

어린이는 어른의 아버지

고향 하구 둑길
시를 새긴 비석 공원에서
윌리엄 워즈워스
「무지개」 낭송하며
나도 이런 시를
써 보고 싶었습니다

하늘의 무지개를 바라보면
내 마음 뛰노라
나 어려서 그러했고
어른이 된 지금도 그러하거늘
나 늙어서도 그러하리라
아니면 이제 내 목숨을 거두소서

어린이는 어른의 아버지
원하노니 내 생애의 하루하루가
소박한 경건의 마음으로
자연에 이어 가기를 바라노라

하얀 철쭉의 꿈

진달래와 개나리
철쭉

꽃말이 순수와 희망
순수한 사랑이라

하얀 철쭉의 꿈
눈 맞추고

귀를 기울여
제 이야기 들으니

순박한 모습처럼
아름다워서

못 이룬 그 소망
전자책에서 찾는다

부끄러움

그렇게 덥더니
비가 몇 차례 내려
신선한 바람 불고

하늘은 파랗고
열매 여물어 가고
뭘 거둬야 할 것인가

심어 놓은 게 뭐며
얼마나 가꿨다고
새삼스레 고독한 심정

팔순 노인네
세월은 멈추지 않아서
한스러워했는데

뜻밖에 온 소식
'성천문학상' 수상
부끄러운 생각 어쩌나

새를 날려야 하나

꿈은 아름다워도
표현이 어렵고

시 같지 않은 걸
쓰기도 쉽지 않아

고독에 잠겨
부끄러운 일 아닐지

허송세월보다는
독서가 좋은데

새 날려 보내면
미련일랑 버릴 건가

청도(靑圖)

어느 시인은 날 보고
인생 은발이라더니
매일 책 빌려 본다며
작은 도서관이라셨다

이제 시 추천 앞두고
호(號)가 필요한 것이라며
생각 말하라기에
외려 부탁드렸다

오사정(奧沙定) 영세명이라
푸를 청(靑) 그림 도(圖)
푸른 도서관이 어울린다며
독서도 푸르게 하라신다

어느 시인의 고백

1943년생을 시인으로
추천해 주신 분들께 감사드리며

책값 부담에 꾸밀 서재도 없이
도서관 다니다가
두꺼운 책보다 짧은 글 좋아서

어렵게 써 놓고도
발표하기 부끄러웠다

시인된다고
축하해 줄 친족도 없지만

바람에 눕고 발길에 차인 풀잎처럼
굴하지 않고 그렇게 살고 싶다

신에 대한 고뇌

러시아의 대문호 두 사람에게
신은 어떤 존재일까

시베리아 유형 생활에서
요셉처럼 시험받은 도스토옙스키
믿음이 없어도 신앙을 설교하며
신이 평생 자신을 괴롭혔다고

장원의 백작 영주 생활에서
성자처럼 살아 보려던 톨스토이
믿음이 있어도 명성에 사로잡히며
자신이 신을 찾겠노라고

그들은 신을 갈망하고 탐구했지만
종교와 다른 교리로 고뇌하며
신에게서 도피처를 찾았으니
부르심도 구원도 모자라지 않았을까

왜 이런 시련을

우리 어려울 때
가난은 희망이라
마음 쓰며 지냈는데

그렇게 살아온 세월
강남에 둥지 치고
시인되고 나니

꿈에도 없던 걸
분수 넘친 잘못인가
시련에 몸살이다

저 강에 큰가시고기
아버지 사랑만 못하다고
깨우치기 위함인가

역지사지(易地思之)

산소 향나무 전지하다가
아파도 참고 끝내야 했지

요령 없이 하느라고
살갗 벗겨진 줄 몰랐을까

개구리 올챙이 적 모르니
반면교사 따로 없지

그저 참으며 하는 수밖에
이렇게 산 걸 누굴 탓할까

먹 갈며 붓 들고

벼루 잡고 먹 갈면서
묵필을 들어 생각하니

글씨 쓸까 그림 그릴까
서체 따라 형상 봐도

무슨 재주 솜씨로
묵향 정취 가만히 흘러

사군자 성품 하나하나
익숙하지 못해

붓 잡아 어떻게 쓰지
종이 위 떨린 손 가련

멋대로 붓 흘러가니
생각마저 느낌과 달라진다

책이 뭐길래

책 귀했던 시절
어렵게 사 읽으며
쌓아 두고 보았다

그냥 보는 게 아니라
읽고 생각하니
글이 나오기도 했다

남아수독오거서(男兒須讀五車書)
거실 벽 꾸미더니
짐이 된 천덕꾸러기

동네마다 도서관
서가에서 골라 빌려 보니
책 때문에 큰 집에서 살까보다

군자란

돌봄 없어도
해마다 여남은 날
아름다운 모습 보여 주는

바람은 바람인가
너는 어찌해
이렇게 예쁜 꽃을

난 중에서
선비 기상 닮아
군자란이라 했는지

습작 그만두고
네 모습 따르길
자연이 깨우쳐 주네

용문사(龍門寺) 다녀오며

무슨 소원 있기에
천 리 길 마다하지 않고
용문사 가나

숲길 따라 흐르는
작은 도랑 물소리
온갖 시름 씻기고

천 년 은행나무
바라보기 우람스러워
기 받고 돌아가지

진리란
자연이 주는 깨우침
거짓이 없는 걸

제3부
자연을 찾아

자연을 찾아

언제인지
효자손에 의지해서
살아왔는데

등긁이로 썼으며
물건 처리에도 유용

자연은 자연 그대로
우리 곁에 있는데
게으른 버릇

무릎 아프다 말고
건강을 위해 나가야

건강해야

강서 살 때는
까치산 다녔으며

강남으로 와서도
선릉 다녔는데

여든 살이 되자
일마다 귀찮아져

실내 열 바퀴
돌기도 했지만

늙다리 신세
서글퍼지는구려

나는 자연인이다

시사 프로그램을
즐겨 보긴 하지만

뉴스나 드라마보다
가끔은 영화를 보면서

마땅하지 않으면
스냅사진을 보는데

살아가는 모습에 진실이 보여
뜨겁게 받는 감동

뭔가 하나라도
내 삶에 닿기 때문이다

팔팔 체조

초저녁에 잠들어
새벽이면 깨어나

나른한 신체
몸조리를 해야 해

맨손체조 하며
가누게 되는 몸

동작 하나하나
팔팔 세면서 하니

그렇게 시작한
매일 이십 분 체조

팔다리에
들어가는 힘보다

어깨에 떠받치는
힘이 세다

트레킹

그래 그런지
산책이 취미가 되다

답답한 도시에서
탈출하고 싶어
산으로 바다로

우리나라 좋은 나라
자연을 보전하여
건강한 신체를 준다

건강은 따로 없으니
방구석에서 놀지 말고
자연으로 나가 즐겨야 해

식목 행사

거실 한쪽
고무나무 한 그루에
관음죽 두 그루

언제부터인지
관음죽이 성장하지 않아
바꿔야 하지 않을까

열매라도 맺기 바라며
감나무가 좋은데
실내는 어떨지

이런저런 생각 중에
초록 이파리 싹터서
감귤이 자라고 있네

이발

겨울이라 게을러
머리가 덥수룩해도
그저 그런대로 지내다
자고 나면 한쪽이
부스스해 꼴불견

너무 보기가 싫어
손으로 눌러 만져도
생각처럼 되지 않아
그 모양대로 이발하니
깎은 머리 보기 좋아서

shaver 면도기로
귀 옆 머리칼은
혼자 자르기도 한다

거울 앞에서

늙은이라고
아무렇게는 아니다
생각해 보니

수수한 옷이라도
정갈하게 입어야
나름 품위가 있으니

화려하지 않아도
단정한 차림이
남 보기도 좋은 걸

늙은이 옷차림
따로 없어도
신체 변화는
어쩔 수 없으니

거울 앞에 서 보고
나갈 일이다

영화

드라마보다 재미있는
서부영화 만나기 쉽지 않아

광활한 초원
카우보이 활약에
말과 기차가 달리며

정의를 위한 것인가
현상금 사냥꾼도
총을 가만두지 않는다

추격이 볼만하다
쉬지 않는 총잡이
제 할 일 펼쳐 주니까

뭐니 뭐니 해노
존 웨인 서부영화
'리오 브라보' 최고

괜스레 허리춤에 손이 가고
말 등에 오른 듯 두 발을 꽉 조인다

여행은 즐거워

홍콩 사람
미국 사람
모두가 우리 가족

통하지 않는 말로
스케줄 따라
놀러 다니며 보니

신이 나고
재미도 있었지만
예상 못 한 일

처음 낯설어
어색한 인사도
하룻밤 자고 나자

냠냠 맛있게
귀염둥이 남매
통역 없어도 굿 모닝

두물머리

비 내리는 날
맏이가 연차라며
차를 타라고 했지

한때 천주학에 빠져
고생한 다산
유적지로 가자고

두물머리 지나자
옛 생각 뭉클
어찌하겠습니까

비는 그치고
생가와 산소로
경건히 찾아보면서

오늘도 하루
현인들의 정성
배우고 갈 것입니다

신선의 섬

산 그대로
바다 저대로
자연이 준 풍경

망주봉
평사낙원
참 훌륭한 유적지

어찌어찌 떠나와
방황한 세월
몸 붙일 데 없이

연륙교 개통
통통배 그리운
관광 명소 되어서

섬에 살리라
내 고향 선유도
신선이 노닐던 섬

자연 그대로

좁다란 언덕 골목길
이름 모를 야생화 앞에
걸음 멈춘다

사람들 생각에
삶이란 어려워
자연 그대로 즐기니

이만하면 족한 것을
어찌 욕심부리나
가꾸지 않아도 되는데

손에 넣지 않으면서
바라보고 또 보며
인생의 향기 느낀다

바닷가 풍경

쉬이 와 쉬어
자갈 자자갈
파도가 밀려오면

찍 찌르기
해풍 막아 준
숲에서 우는 걸

쉬이 와 쉬어
자갈 잘 자갈
파도가 밀려가면

갯가재 바지락
발에 밟혀
술 생각 간절해

쉬멍 걸으멍

머리 없는 한라산
경이롭고 신비한 오름
눈 내린 곶자왈

노란 감귤
빨간 동백꽃
구름바다 백록담
하얗게 감춘 수줍음

산방산에서 봉우리 찾아
바다 품은 용머리해안
설화로 즐긴 여행

밀어 치는 파도가 만든
바윗길에
물 발자국만 허옇다

*한라산 봉우리를 깎아 아랫부분은 백록담,
 윗부분은 산방산이 됨.

설문할망

용솟음친 분화구에서
빨래한 설문할망

그로써 바다 만들고
또 그렇게 딛고 설 땅

제주도 만드셨으니
올레길을 찾아

쉬멍 걸으멍
설화도 만나러 가지

*설문대할망: 제주도를 창조했다고 전해오는
　　　　　　우리나라 대표적 여신.

연꽃 찬양

진흙탕에 뿌리내려
청정을 구하고
혼탁하지 않으며

빗방울 떨어져도
잎 적시지 않아
항상 깨끗한 자태

꽃 마루 연밥
뿌리 연근
시궁창 냄새 가셔

삶은 마땅히
저래야 하거늘
두물머리 맞잡은 꽃이여

야생(野生)

씨 뿌리지 않고
돌보는 이 없지만

한차례 내린 소나기 좇아
콘크리트 담 틈새에서
이름 모를 들풀이
보란 듯 얼굴 솟아올랐다

생명력 참 경이롭지
그래 꽃마저 피워 보렴

제4부
그래 어쩌란 건가

그래 어쩌란 건가

늙은이 생각은
언제 어디에서나

가려우면 긁어 주는
효자손 생각에

이 당 저 당
고삐 풀린 망아지요

부정선거 남발에
대통령 탄핵 좋을까

뉴스가 싫다

산다는 게
어찌 정치뿐인가

잘잘못 따져도
편향적이니

누구 말 들어야 하나
이야기는 생존인데

정치가 해 준다면
말이 없어야지

제 편을 위한
활동이라 말이 많을까

에델바이스

'사운드 오브 뮤직'
영화가 주는 감동 감명에
노래만이 아니지요

알프스 자락에
애국 애족하는 민족 있어

그들의 애환을 어찌
그냥 넘길 수 있으리오

서너 번 볼 때마다
우리 민족 역사 생각나
국민들 감성 돌아보는 걸

빅게임

착한 소년은
활잡이 사냥꾼으로

스쿠터 운전 산행 중
미국 대통령 전용기 격추

권력이 문제
쿠데타도 능력과 운명

대통령과 소년은
무사히 살아났으니
영화라도 심금 울리지요

스크린 프로세스

시도 때도 없이
티브이 내보내는
영상 이야기

우리는 무얼 취하고
감상 감명을
어떻게 소화하는지

드라마보다 영화
그걸 보며 뭘 얻는지
해석이 달라 문제

심심파적

한가한 날 소일거리
재미라면 영화이지만

채널 돌려봐야
실망하기 마련인데

정치가 뭔데
국민 나라 위해서
희망도 주지 못하며

매일 싸움질하고
권력이나 잡으려 하니
안타까움 어디에다 풀까

희망 꿈꾸다

언젠가 노래하며
잘 살자고 했던 추억

그 시절 독재라 했지만
나라 발전의 원동력

요즘 기다리는
"사랑의 콜 센터"
노래가 즐거운 것처럼

다시 일어나
스트레스 떨치며
우리도 할 수 있어야 해

초겨울에 부쳐

울타리 담 사이로
목련 화살나무 옷 벗고

초록 솔 붉은 단풍
바람결에 싱그러운 향

소설 눈 기다리며
만사를 덮어 주나 했는데

세상 더 어지럽고
호루라기도 지쳤는지

계절은 희망 없이
왜 누리지 못하는 걸까

건강검진

채팅 메시지에 뜬 걸
소개하면 이런데

치과에서 예약 날
뵙겠다는 소식

카네이션 건강검진을
할인 프로모션으로 본다는 것

정부로부터 위임받은
사업이겠지만

국가란 뭐기에
베푼 사랑에 감사드릴 뿐

프랭클린의 교훈

청교도들이 신대륙 개척할 때
공동체 의식에 투철해
서른에 펜실베이니아 의회
서기가 되어 민병대를 만들고
독립선언을 예비했으니

학교 등 관공서를 설립하여
미국 체신 장관으로 독립전쟁을
승리로 이끌었던 정치인
이렇게 나라를 사랑해야 한다며
교훈을 주었다

영토 보전

중국 삼국시대처럼 조선에도
삼국시대가 있었으니
진시황이 천하 통일을 했지만
진나라를 보존하지 못하고
이어받은 한나라는
황건적 난리로 분열되어
조조 유비 손권 삼국이 되었고

우리 광개토대왕이
한반도 북방을 장악함으로써
고구려 백제 신라 삼국
이후 일제로부터 독립했어도
역사는 육이오동란으로
다시 남북한 분열되고 말았다

통치권 확립

먼 옛날이야기 아니라도
오늘날 우리나라의 실정은
선거 부정에 야당이 우세하자

이를 밝힌 대통령이 제대로
항변도 못 하고 탄핵되었으니
국민이나 국가나 혼란하다

다산 정약용과 애덤 스미스

두 사람은 비슷한 시기에
관리의 아들로서 학문에 뜻을 두었다

다산은 유배 중 『경세유표』를
스미스는 당시 『국부론』을 집필했다

18세기는 영국 산업혁명
미국 독립선언 프랑스 혁명으로
근세의 시작이었지만

당시 부국강병은 왕권보다
민권 강화에 있었는데
우리나라는 따르지 못하고

아직까지 정치가 우선이며
국민은 그냥 구경이나 하고 있다

삼포시대 젊은이가 산다는 것은

어렵사리 대학 나와도
일자리 마땅찮아
취업 결혼 출산 포기한다

젊음이란 용기로
좌절도 극복할 수 있는 일
포기하지 말 것이다

사노라면 꿈이 있기에
아름답고 소중하게 가꿀 일
희망도 이루어질 것이다

길고양이 단상

주차장 옆 화단 난간
전에 없던 하얀 물체
인기척에 고개만 돌리고는
그냥 엎드려 있다

며칠째 더위 먹었나
죽으면 어쩌지
어디서 왔는지
어떻게 살았는지

집 잃은 고양이
버림받은 애완동물
불쌍해하는 사람
무서워하는 사람

그렇게 자정이 지니
궁금해 다시 가 보니
없어진 고양이
제 집이나 찾았으면

젊은 시절에

문과보다 이과 적성
수학 과학은 따라가도
문학 사회는 어려워

공부 아무리 해도
제바람에 넘어지니
방향 설정이 문제

고등학교 졸업 무렵
장충동 돔형 체육관에
삼수 노력했지만

내 운명은 달라서
문과 법대로
고향은 환영, 난 걱정

제5부
추억이 그리워도

고향이 그리워

오랜만에 느낀
간절한 향수

『한국문학인』 2025년 봄호
'임피역에 가면'

시인은 부모님의
슬픈 이야기를 잊지 말라며
구구절절 밝혔는데

고향이 군산인 사람들
나는 또 감개무량

생일 소감

셋째 생일잔치
여기저기 살다 보니
부담스러워
허물없는 아빠 집에서
모이자 했는데

딸 넷에 손자들까지
열 식구가 모이자
반갑기도 하고
고맙기도 해서
즐거운 잔치였는데

나는 너무 즐거워
줄줄 눈물 나네요

세뱃돈

설날 찾아온 손자들
정성스러운 절
세배가 기특해서

절값을 주니까
받고 나더니
저희도 봉투를 주네

할아버지 건강하길
바라는 마음으로
선물 드린다고

참 기특했지
염치없이 웃으면서
몸 튼튼 맘 탄탄

추억이 그리워도

봄이 왔지요
출입구 화단에
추운 겨울을 보내고
싱싱하게 자란
철쭉이 보란 듯이
인사하는데

빨강 하양 분홍
꽃들이 활짝
너무 반갑다고 좋아
방안퉁수 감사해서
처가 앞마당을 장식한
추억이 생각나지요

네 꿈을 펼쳐라

〈나부코〉
출연한 손녀 승아

〈마틸다〉
집에서 공연해

우리 가족
즐겁게 해 줬는데

그래 너 받은 상
어떻게 다 축하해

건강히 살고
네 꿈을 펼쳤으면

가훈

아름다운 사람은
마음이 맑고 얼굴이 밝아

마음이 맑은 사람은
참되고 착하며

얼굴이 밝은 사람은
슬기롭고 건강해

가훈 읊어 아버님 생각하니
세월 무상 어찌하리

영산홍

소나무 울타리 아래
진달래꽃 피자

처갓집 마당가
영산홍 추억이 생각나

텃밭 탱자나무
전지하시던 처조부님

방문한 이름 묻고서
김해 김씨 답하니

손녀 못 준다기에
혼인신고 먼저 했지요

내 고향

월명산
언덕 오르면
강바람 산바람
불어오는데

수시탑
고향 지키는
아름다운 도시

정상 올라
금강과 서해도
한눈에 바라보며

산 따라
은파호수
추억 그리워서
쉬었다 집에 가지

석류

초록 잎새 석류 둘
붉은 옷 내민 속살
알알이 영근
영롱한 열매
곱게 간직하니
소담스럽기도 하다

묘목 얻어
뒷마당에 심어 놓고
개화도 못 본 채
이사한 어릴 적 추억
새록새록 하여
그때로 돌아가고 싶다

선유도

고군산군도에
신선이 노닐던 섬

살면서 잊어버리고
늙어 보니 생각나

바다로 나간 할아범
기다리는 할멈

망주봉 올라가
한양 가신 임 보리라

그리움만 가득
두 바위 전설에 감명

가족 모임

오랜만에
부모님 성묘하고

임진강역
행주산성 들리자

독개다리
전망대에서

망향의 노래비
통일 시원 북녘 보며

평양 열차 간다니
올림픽 보러 갈까

언젠가 춘삼월

벚꽃 만발하자
시카고 조카들 여행
반가웠지만
그래도 부모님까지

말은 안 통하고
부담스럽기도 했는데
며칠 지나니까
눈빛만 봐도 알아서

새로운 친구가
"자 듭시다"
정답게 말하던 목소리
잘 가셨기를 바라며

첫사랑

성당 유치원
동창생으로 만났던

인연이었는데
지금 어디서 뭘 할까

만나고 싶다 그냥
풋사랑은 짝사랑

아무쪼록 잘 살기를
바라고 있지요

사랑이 아름다운 건

뭣보다 순수하고 진실한
사랑이겠지만

가족보다 선남선녀
사랑이 곱고 예쁜 것을

선망이던 대상이라
부럽고 좋아했던 사이

신선이 놀던 선유도
이제 손잡고 똑딱선 타요

물소리

빗방울
바람결에 휘날리며

졸졸졸
시냇물로 흐르는데

강물은
잔잔하게 소리하고

바다에
이르면서 콸콸대니

흐르는
물소리도 같지 않아

봄비

바람 불더니
산에도 들에도 비 내려
봄 재촉하는지

사륵 사르륵
나뭇잎 파릇파릇
살았다고 약동하는데

처마에 내린 봄비
향 뿜으니
한평생 살붙이 그리워

이 밤 남몰래
기다리는 마음에
그 정을 어찌할 건가

봄 기다려

군자란꽃 지니
친구 떠난 자리라

쓸쓸한 마음에
트리초스 사 놓자

다육이 화분에
공기정화 좋다 해

빨간 봄꽃 친구
웃으며 기다리지요

잡초라서

한 달째 폭염 열대야
누군가 들풀 화단에 옮겼다

생태(生態) 가련해서인가
스스로 삶 못 미더워서일까

야생이 보기 좋았는데
소망스레 애정 엇갈렸지

뿌리째 뽑아 버린 걸 심어 놓고
그저 살기만 바랄 뿐이다

야생화

담 틈새 들풀은
애처로이 말라 죽었어도

배수로에 같은 들풀이
차바퀴에 짓밟히면서도
볍씨만 한 작은 흰 꽃봉오리를
나도 있다는 듯 내밀었다

이나마 들풀 사진에 담은 건
야생화 보며 생각하려는 것이다

〈해설〉

삶의 통일체로서 체험적인
언어 풀어내기

〈해설〉

삶의 통일체로서 체험적인 언어 풀어내기

이오장(시인, 문학 평론가)

　시인은 삶의 밖에서 역사를 보는 사람이라고 할 수가 있다. 자의식의 우월성으로 시를 쓸 수 있는 존재다. 그런 의식 때문에 자신을 볼 수 있고 자신을 보듯이 다른 사람을 볼 수 있으며, 역지사지의 비중을 정확히 알아간다. 이런 의식을 사용하는 것이 기초가 되어 이웃을 사랑하고 윤리적 감정을 가질 수 있으며 진리를 알고 인간의 이상을 위해 자신을 밝히기도 한다. 또한 자연의 모든 상태를 일목요연하게 파악하는 삶의 경로를 깊이 이해하는 힘이 시 쓰기의 원동력이 되었다. 이런 능력을 완수함으로써 시인이라 불리게 된다.
　'시인에게 가장 중요한 요소는 무엇일까.' 의문이지만 정답이 없으며 그것을 깊이 생각하는 시인은 없다. 삶의 감각을 총동원하여 작품을 쓰려고 할 뿐이다. 그것이 명작이든 아니든 따지지 않고 시를 쓰게 된다. 그러나 자아를 찾지 못한다면 진정한 의미의 작품을 쓸 수가 없다. 시인의 자아는 언제나 사회에 영향을 끼친다. 자아는 대인관계에서 성장하고 주변의 사회적 여건에 의하여 발전한다. 그러므로 개성 없이 한결같은 성향을 보이는 것은 모순이며 끝없이 자신을 경험하고 창조해 나가야 한다. 자아 감각이 탁월할수록 진실한 작품이 나오며 그것이 명작이 된다. 자기를 알고 내적인 힘과 안정성의 원천을 찾아내는 것이야말로 진정한 시 쓰기의 시작이다.

김행곤 시인이 자신을 자아 속에 받아들인다는 것은 무엇을 뜻하는가. 그것은 애당초 심리적인 존재로서 출발했다는 기초가 된다. 논리적으로 증명이 되지 않지만, 자기의 존재를 알게 되는 데 하나의 요소가 되었다. 시인이 자신에 대해 질문을 던지는 전제가 되기 때문이다. 다시 말하여 자기 자신을 나로서 받아들인다는 것은 바로 자아를 의식하고 있다고 할 수 있다. 자신으로서의 의식은 그 자체가 지적인 것은 아니다. 무엇인가를 생각하는 존재로서 어떤 일을 실제 행하고 있는 것을 보여 줄 뿐이다. 다시 말하면 시인은 상상하며, 직관하며, 느끼며, 행동하는 통일체로서 자신과 경험을 단순하게 풀어냈다. 자신은 결코 어떤 역할의 총화가 아니고 오히려 어떤 역할을 해야 할 것인가를 아는 능력을 보여 준다.

심리학자나 철학자들은 자신의 개념을 믿지 않으려는 경향을 보인다. 시인도 자신이라는 것을 객관적으로 증명하지 않는다. 단지 사람들이 시인과 관계 맺는 능력을 보여 주면 충분하다. 자신은 개체 속에 있는 조직적 기능이 있기 때문에 다른 사람과 관계를 맺어 간다. 여기에는 수학적인 계산이나 과학적인 묘사, 기발한 언어의 착상이 필요하지 않다. 오직 시인의 삶에서 얻은 체험적인 언어가 필요하다. 과학이 아니기 때문에 정신적인 방향으로 삶을 제시하면 된다. 그러기 위해서는 자신을 이해하고 사람의 마음속 경험을 관찰하고 자신의 개념을 이해시켜야 한다.

1. 뚜렷한 이미지 전달로 삶을 표현하기

　김행곤 시인의 시 쓰기에 있어 대체적인 경우는 형식의 서술이 단독으로 나타나지는 않는다. 사람의 삶과 복잡하게 연결되어 있고, 그 속에서 여러 형태의 모양을 갖추는 만큼 처음부터 형식적인 구조를 제외하고 출발한다. 그러나 모든 것을 한 편에 담을 수 없는 것이므로 삶의 관련 속에서 이미지를 들춰낸다. 하나의 형식, 즉 뚜렷한 이미지를 전달했을 때 비로소 작품의 완성을 볼 수 있다는 것을 아는 까닭이다. 이것은 삶의 길을 그만큼 걸어왔다는 증거로 삶의 전체를 관찰한 일방적인 이야기와 상호지향적인 이야기로 나눌 수 있다. 어떻게 본다면 일방적인 자기만의 독백이고, 말을 서로 주고받는 상호지향적인 표현이기도 하다.

　20대의 표상
　매화 기품

　40대 어울림은
　난초 우정

　60대 비우기에
　국화 성실

80대 마무리로
대나무 정절

사랑의 묵화
군자의 도가 진실
 -「삶의 계단」전문 -

사람의 삶을 단계로 구분한 사람은 공자가 처음이다. 15세에 학문의 뜻을 둔 지학, 30세에 바로 섰다는 이립, 마흔 살에 미혹 들지 않았다는 불혹, 50세에 천명을 알았다는 지천명, 60세에 귀가 순해졌다는 이순, 70세에 마음을 따랐다는 종심 등 삶을 여섯 단계로 나눠 사람의 심리 상태를 구분하여 삶의 길을 제시하였다. 여기에는 80세 이후가 빠졌는데 그때의 수명은 겨우 40세 후반이어서 거기까지는 예측하지 못했다. 여기에 한 층을 뛰어 넘는 시인의 천안이 돋보인다. 20대는 청춘의 표상으로 매화의 기품이 발산되고, 40대는 모두와 어울림으로 사회를 발전시키며 난초의 향기가 진동하는 60대는 비움의 단계로 모든 것을 이해한다는 것으로 사람이 무엇인지 어떻게 살아야 하는지를 밝히는 단계로 국화 향기를 뿜으며 성실한 삶을 보여 준다. 80대는 모든 것을 마무리하며 사람답게 산 것을 자랑스러워한다는 의미로 대나무의 절개와 절정을 보여 주는 삶의 철학이다. 결론에 이르러서는 사람의 존재는 사랑으로 이뤄졌으며 그 사랑은 자랑하지 않는 묵화로 군자의 도가 깃들어서 그렇게 살아온 사람이 진실한 사람이라는 것을 말한다. 이 같은

철학적인 삶의 단계는 그만큼의 연륜이 값지게 쌓였다는
증거다.

고희가 벌써 지났는데
무슨 욕심

지난 세월 돌아보고
성찰하며 즐겨야지

여생 마무리는
죽음 연습이 아닐까

늙어 간다는 건
마음 비우는 일
  - 「늙어 간다는 것」 전문 -

수많은 고승들이나 성인들의 말 같은데 무엇인가 다른 것은 시인의 삶이기 때문이다. 너 자신을 알라는 소크라테스, 사랑을 설파한 예수, 자비를 펼친 석가모니 등 성인들의 가르침은 딱 한 가지다. 사람답게 살라는 것이다. 그렇다면 사람답게 사는 것은 무엇인가. 지금에 비한다면 포악하지 말고, 남을 해치지 말고, 사람으로 대하며, 자비를 베풀며 살아가는 것인데 가장 중요한 것은 욕망을 버리라는 뜻이다. 욕망이야말로 사람을 사람답게 살 수 없도록 하는 지독한 형벌이다. 그것도 스스로 만든 형벌이므로 탓할 수도 없는 절대 악이다. 김행곤 시인은 이제 스스로가 늙었다고 자칭하는 원로다. 그런데 무슨 욕심이 더 남았을까. 삶의 천착을 깊이 있게 하여 그것을 성찰하는 게 시인이라는 자부심으로 노년에 얻은 시인이라는 이름을 헛되게 하지 않으려고 쓴 그런 작품이 아니다. 이만큼 살면서 얻은 삶의 철학이며 가르침이다. 이제부터는 죽음에 대한 두려움을 잊고 남은 생을 어떻게 하면 보람 있게 보낼까 하는 고심에서 얻은 결과물이지만, 결코 늙음을 한탄하지 말 것을 바라는 작품이다.

돌봄 없어도
해마다 여남은 날
아름다운 모습 보여 주는

바람은 바람인가
너는 어찌해
이렇게 예쁜 꽃을

난 중에서
선비 기상 닮아
군자란이라 했는지

습작 그만두고
네 모습 따르길
자연이 깨우쳐 주네
　　-「군자란」전문 -

삶에는 버리는 것보다 얻는 것이 많아야 행복하다. 얻음으로 인한 만족이 삶을 일으켜 세우는 힘이 되므로 행복감을 느낀다. 그러나 진정한 삶은 비우는 것이다. 행복은 비움으로써 오는 것이지만, 그 묘미를 알지 못한다면 영원히 불행하다. 사는 데 있어 동행의 친구가 그렇다. 친구는 주어서 아깝지 않고 어디에 있든 생각나며 그 앞에서 자신을 엿볼 수 있는 그런 존재다. 일생에 친구가 몇이냐고 묻는다면 선뜻 대답하지 못하는 이유가 여기에 있다. 바라지 않으나 옆에서 지켜 주는 사람, 주기만 하여도 좋은 사람, 그게 친구다. 그러나 그런 친구 말고 반려하는 친구가 있다. 반려견이나 반려묘와 화초다. 곁에 있으면서 사랑을 주고받으며 교감을 이루고 살아 있는 모습만으로 보람을 주는 존재, 시인은 그런 친구로 군자란을 가졌다. 사람이 바라는 최고의 경지를 말하는 '군자'라는 이름을 가진 꽃, 구석에 놓아도 불만도 없이 반겨 주는 화초의 역할을 다하고 삭막한 환경을 부드럽게 꾸며 주는 군자란에서 삶의 묘미를 읽었다. 해마다 꽃을 피우고 선비의 기상을 보여 주는 꽃에서 자연의 이치와 삶의 길을 깨우친 것이다. 이런 자세가 시인의 길로 들어서게 했으며 시를 쓰게 한 동력이 되었다.

2. 자연에 대한 이해심으로 얻은 삶의 성찰

김행곤 시인이 시를 쓴다는 것은 이야기를 전한다는 뜻이기도 하다. 독자와 서로 보충하고 도우면서 생각을 전개시킬 때 시인과 독자의 이야기가 된다. 이것은 시인이 물음을 제시하고 이에 대한 대답을 시도하며, 그 대답을 문제 삼으면서 이야기의 전개는 이뤄진다. 특히 자연에 대한 이해심이 강하고 자연을 동경하는 뜻이 크므로 내적인 대화뿐만 아닌 외적의 대화로도 가능해진다. 시인의 생각은 마음에서 일어나 자연으로 규합되어 삶을 천착하고 성찰해 나간다. 자연에서 얻은 사유는 언어가 마련해 준 길을 따라 물처럼 흘러가지만 말보다 생각이 앞서는 것도 아니고 생각보다 말이 앞서는 것도 아니다. 생각의 싹이 말의 출발점이 되는 것뿐이다. 이것은 새로운 빛 밝힘으로 일상생활에서 얻어지는 삶의 척도 그리기다.

시사 프로그램을
즐겨 보긴 하지만

뉴스나 드라마보다
가끔은 영화를 보면서

마땅하지 않으면
스냅사진을 보는데
살아가는 모습에 진실이 보여
뜨겁게 받는 감동

뭔가 하나라도
내 삶에 닿기 때문이다
　- 「나는 자연인이다」 전문 -

역설적으로 자연을 떠나온 현대인이 자연을 더 그리워한다. 자연을 알기 때문이다. 현대는 피로감이 쌓이는 격한 시대다. 남보다 부지런하고 재빨라야 비로소 얻을 수 있으며 더 많이 가진다. 경쟁은 삶을 살찌웠으나 정신을 피폐하게 한 원인이 되었다. 그럴수록 자연을 동경하는 사람들은 많아졌으나 자연과 동행은 어렵다. 어디를 가도 문명을 벗어날 수가 없으므로 자연이라고 해도 완전한 자연은 아니다. 방송 프로그램에서 희극인이 출연하는 '나는 자연인이다'라는 프로그램은 많은 시청자의 성원으로 오래도록 이어지고 있다. 이것은 직접 경험하지 못하는 현대인의 대리만족을 주게 되므로 더욱 인기가 많다. 시인도 똑같다. 자연에서 태어나 현대를 질주하며 살다가 노후에 바라본 자연을 간접적으로 겪는 일이지만, 어려움을 극복하고 자연에서 새 삶을 찾았다는 사연은 감동을 주게 되어 시인의 가슴을 감화시킨다. 더구나 요즘에는 각종 정치 스캔들이나 역동적인 상황으로 뉴스 보기가 겁난다는데 이것을 만회하고 일시적으로나마 자연을 만끽하는 효과를 준다. 여기에 자신의 삶과 동행하는 느낌으로 더욱 심취하는 모습을 보인다.

늙은이라고
아무렇게는 아니다
생각해 보니

수수한 옷이라도
정갈하게 입어야

나름 품위가 있으니

화려하지 않아도
단정한 차림이
남 보기도 좋은 걸

늙은이 옷차림
따로 없어도
신체 변화는
어쩔 수 없으니

거울 앞에 서 보고
나갈 일이다
  -「거울 앞에서」 전문 -

늙은 공작새는 깃을 벗는 모습은 보이지 않는다. 늙은 사자도 마찬가지다. 기러기가 늙었다고 보금자리를 찾지 않으면 원형을 잃는다. 모든 것은 삶의 차이에서 늙음을 맞지만, 그것을 인정하지 않는 경향을 보이는데 사람은 오죽할까. 지금은 백세시대라고 자부한다. 늙음도 늙음이 아니고 죽음도 죽음이 아니다. 무엇인가를 남긴다면 영원한 삶이고, 그러기 위하여 몸부림하는 시대에 우리는 살고 있다. 옛날에는 옷 한 벌이면 다 되었다. 밖에 나갈 일도 없고 농사일에 바빠 가꾸지도 못했다. 특히 노년층은 두루마기 입을 시간이 없어 집안에서 소일하다가 그대로 나갔다. 지금은 늙은이도 얼마든지 외출이 가능하고 심지어 전철은 공짜다. 이럴 때 옷차림이 험하다면 추할 것이 분명하다. 시인도 남들과 같이 아무렇게나 입고 먹고 주어진 대로 살 각오를 다졌으나 어느 날 거울 앞에서 자세히 보니 그것이 나라는 것을 느꼈다. 나를 위함이 아니라 남들이 바라보는 시선을 위하여 늙음에도 얼마의 멋이 필요하고, 젊은이들조차 더 화려한 모습을 보여 줘야 사회가 밝아진다는 것을 알았다. 그렇다고 늙은이의 옷차림이 따로 있지 않으니, 그것은 어쩔 수 없으나 이제는 나갈 때마다 거울 앞에 서서 다듬는 것을 잊지 않아야 한다는 다짐이다.

좁다란 언덕 골목길
이름 모를 야생화 앞에
걸음 멈춘다

사람들 생각에
삶이란 어려워
자연 그대로 즐기니

이만하면 족한 것을
어찌 욕심부리나
가꾸지 않아도 되는데

손에 넣지 않으면서
바라보고 또 보며
인생의 향기 느낀다   - 「자연 그대로」 전문 -

만약 자연을 그대로 두면 어떻게 될까. 초목은 무성하여 온갖 것을 덮어 버리고 길과 산의 구분이 없어져 산천의 분별이 어려울 것이다. 여기에 사람의 터전이 먼저 사라져 갈 곳을 잃고 자연에 그대로 노출되어 힘들다. 살기 위하여 자연을 극복하고 다스리는 사람은 문명이 발달할수록 자연을 그리워하는 아이러니를 보인다. 자연에서 왔기 때문이다. 그래서 자연 그대로라는 말은 역설적인 사람의 이기심이다. 시인은 그것을 이미 잘 알고 있다. 자연을 벗어났으나 자연을 외면하지 말 것이며, 자연을 동경만 할 것이 아니라 직접 가꿔야 한다는 의식을 깔고 삶의 기준을 자연에 둔다. 좁다란 언덕에서 우연히 발견한 야생화 앞에서 자연의 크기를 보았고, 자연을 잊어 가는 사람들에게서 자연의 의지를 보았다. 결론은 하나다. 자연을 이긴 것이 아니라 영원히 자연을 벗어날 수 없다는 진리다. 사람이 아무리 발달해도 자연을 벗어나는 순간 사람이 아니라는 결론을 얻었다. 이만하면 족한 것을 무슨 욕심으로 더 얻으려고 하는지, 자연에서는 알게 된다는 이치를 먼저 깨친 것이다.

3. 감성적인 지각에서 이뤄지는 언어예술

  사람의 감성적인 지각은 사물에 대한 전체적인 이해에 의해서 지배되는데 사람의 심리학적인 기초 단위로서의 원자적인 요소에 의한 연합으로 관찰되는 것과는 다르다. 사람의 심리 현상에는 부분적인 성질로 말미암아 이뤄진 것이 아닌 형태적인 질이 존재하는데 이것은 자연을 설명하기 위한 형태론과 심리 현상의 이해를 위한 형태심리학의 시초라고 할 수 있다. 이 작품은 감성적인 지각에서 이뤄지는 언어예술이다. 고향의 정서에 머무르지 않고 사회의 변동에 혼합되지 않은 선에서 언어를 동원하여 쓰는 작품은 사물이나 형상의 전체를 파악하기가 어렵지 않다. 사물의 전체 형태에 대한 이해와 언어의 파악에서 시를 쓰는 계기를 만든다. 그렇게 함으로써 독자와의 소통이 원활해질 수 있을 거라고 고향과 자연의 향수를 바라보는 한 장면을 연출한다.

산 그대로
바다 저대로
자연이 준 풍경

망주봉
평사낙원
황홀경 유적지

어찌어찌 떠나와
방황한 세월
몸 붙일 데 없이

연륙교 개통에
통통배 그리운
관광 명소 되어서

섬에 살리라
내 고향 선유도
신선이 노닐던 섬
 - 「신선의 섬」 전문 -

　신선은 하늘의 이치를 깨닫고 이상향을 바라보며 인간과 신의 중간 역할을 하는 반신반인의 사람을 말하지만, 실제로는 전설의 인물을 대상으로 꿈꾸듯 칭하는 이름이다. 누구나 그런 경지에 들고 싶어 산천을 유람하고 도의 경지를 깨우치려고 공부에 열중하지만, 아직까지 그런 경지에 든 사람은 없다. 인간 사회의 여러 이상적인 면을 상상으로 그려낸 상상의 인물을 칭한다. 그런 이유로 지명에 신선이 들어간 이름이 많다. 지역마다 존재하며 한강에도 선유도가 있으며 신선 仙 자를 쓰는 지역이 많다. 시인이 말하는 선유도는 고군산열도의 선유도를 칭하며 군산에 속하기 때문에 시인의 고향이라고 명명했다. 누구나 고향은 그립고 꿈의 무대다. 어렸을 때 추억은 기억에서 사라지지 않고 남아 꿈을 조종한다. 멀리서 봐도 바다 위에 우뚝한 망주봉은 선유도의 상징이고, 서해의 대표이다. 지금은 세계 최장의 간척방파제가 놓이고 직접 연결된 다리가 생겨 언제든 들어갈 수 있는 관광지가 되었으나 그 시절에는 꿈에 그리던 신선의 섬이었다. 시인은 그것을 자랑스럽게 생각하며 결코 잊을 수 없는 고향을 어디서나 품고 산다. '늙어서 갈 곳이 어딜까' 하면 바로 선유도라고 대답하며 고향을 그린다.

어렵사리 대학 나와도
일자리 마땅찮아
취업 결혼 출산 포기한다

젊음이란 용기로
좌절도 극복할 수 있는 일
포기하지 말 것이다

사노라면 꿈이 있기에
아름답고 소중하게 가꿀 일
희망도 이루어질 것이다
- 「삼포시대」 전문 -

'삶이 아무리 힘들어도 포기하지 말라' 숱하게 들었던 세대가 현재의 기성세대다. 그 시절에는 다 그랬다고 위안을 삼지만, 왜 그렇게 고난의 삶을 살았는지를 생각하면 머리끝이 쭈뼛해진다. 아무것도 없던 때 몸으로 일군 땅과 높게 세운 건물들 지금은 세계적인 자랑거리가 되어 대한민국의 상징이 되었지만, 그 시대를 살았던 우리는 잊을 수가 없다. 한데 삼포시대를 맞이하였다. 취업, 결혼, 출산은 사람의 기본이고 나라의 기초다. 문명의 발달이 최고조에 달해도 포기해서는 안 되는 기반이다. 그런 세 가지를 포기하는 시대, 사람으로서 국민으로서 있어서는 안 될 사건이다. 시인은 원로답게 나무란다. 젊은이란 어떤 고난도 헤쳐 나가 무엇인가를 이뤄 내는 보배로운 세대인데 기본을 포기한다는 것은 무엇인가. 경쟁을 이기지 못하고 낙오되어서 희망을 갖지 않기 때문이다. 누구의 책임을 따질 것도 없다. 전부의 책임이다. 사노라면 꿈이 있어 앞날을 개척하는데 그것을 아름답게 가꾸지 못하고 포기하는 세대는 아무런 희망이 없는가. 아니면 지금 바로 생을 마치고 인간이기를 포기하는 것인가. 시인은 두렵고 책임을 통감한다.

바람 불더니
산에도 들에도 비 내려
봄을 재촉하는지

사륵 사르륵
나뭇잎 파릇파릇
살았다고 약동하는데

처마에 내린 봄비
향 뿜으니
한평생 살붙이 그리워

이 밤 남몰래
기다리는 마음에
그 정을 어찌할 건가
　　－「봄비」 전문 －

담 틈새 들풀은
애처로이 말라 죽었어도

배수로에 같은 들풀이
차바퀴에 짓밟히면서도
볍씨만 한 작은 흰 꽃봉오리
나도 있다는 듯 내밀었다

중략……
- 「야생화」 부분 -

생명의 숨결은 봄비에서 온다. 겨울을 지낸 막막함이 봄비에서 녹아들어 만물이 소생하고 희망의 봄을 맞이하여 생명의 노래를 부른다. 삶의 전부를 이끌고 다가든 세월의 끝자락에서 시인은 희망을 노래하다가 좌절도 당하고 좌절에서 다시 일어나 새로운 국면을 만들어 내며 사회가 인정하는 원로가 되었다. 그 과정에서 몇 번의 봄을 맞이하고 몇 번의 좌절을 맛보았을까. 그때마다 희망을 버리지 않은 끈기로 버텨 낸 삶이 봄비를 맞아 기틀을 다시 쌓고 그렇게 살아왔다. 누구나 겪는 과정이지만, 시인에게 새로운 것은, 삶의 천착이 크고 그것을 성찰하는 힘이 있기 때문이다. 그러나 야생화에서 희망을 본 시인의 가슴은 펄펄 뛴다. 차바퀴에 짓눌리고 작은 열매를 맺지만, 어떤 상황에서도 살아가는 끈기는 시인을 닮았다. 시집의 마지막을 장식하는 작품을 야생화로 택한 것은 이것이다. 작으나 초라하지 않고 억압을 받으나 결코 쓰러지지 않는 기개를 닮아 가려는 의지를 보여준다. 그로 인해 사랑이든 가족의 그리움이든 품고 살아왔고 또 살아갈 것이다.

4. 자연에서 얻은 자연을 따르는 삶 펼치기

김행곤 시인의 삶은 완전한 자연이다. 체험의 순간도 자연에서 얻으며 언어의 표출도 자연을 따른다. 어렵지 않은 언어를 쓰면서도 삶에서 얻어 낸 천착의 힘으로 강력한 이미지를 만들어 낸다. 사회 원로로서 그동안 많이 겪어 온 온갖 풍상을 간략한 언어로 함축하는 힘은 그만큼의 삶을 노력으로 이뤄 냈다는 증거다. 삶의 통일체로서 체험적인 언어를 풀어내며 뚜렷한 이미지를 창출하고 자연에 대한 이해심이 깊어 삶의 부분을 결합하는 언어를 구사하며, 감성적인 지각으로 이뤄 내는 언어예술을 간략한 이미지로 펼쳐 내었다. 이번 세 번째 시집에서 나타난 모든 것은 한마디로 자연의 삶이며, 자연을 따르는 삶이 가장 옳은 삶이라는 해답이다.

김행곤 제3시집
돌아본 세상살이

제1판 1쇄 발행 · 2025년 10월 15일

지은이 · 김행곤
펴낸이 · 이석우
펴낸 곳 · 세종문화사
편집 주간 · 김영희

주소 · (03740)
　　　 서울 서대문구 통일로 107-39, 222호
　　　 E-mail: eds@kbnewsnet
전화 · (02)363-3345
팩스 · (02)363-9990

등록번호 · 제25100-1974-000001호
등록일 · 1974년 2월 1일

ISBN 978-89-7424-216-9　　03810

값 13,000원